Paul im Fußballcamp

Programmleitung Monika Schlitzer
Redaktionsleitung Martina Glöde
Projektbetreuung Kerstin Schlieker,
Nadine Matheiowetz, Christian Noß
Herstellungsleitung Dorothee Whittaker
Herstellungskoordination Katharina Schäfer,
Bettina Bähnsch, Bianca Isack
Herstellung Claudia Bürgers,
Christine Rühmer, Evely Xie
Reihengestaltung Sonja Gagel
Covergestaltung Evely Xie

Titel der englischen Originalausgabe:
Football School

Text Jenny Cox
Übersetzung Christina Braun
Lektorat Linda Sturm-Becker
Satz Roman Bold & Black, Köln

ISBN 978-3-8310-4484-9

Druck und Bindung TBB, a.s., Slowakei

MIX
Aus verantwortungs-
vollen Quellen
FSC® C022120

www.dk-verlag.de

Inhalt

Der erste Tag

Alle Augen richten sich auf den Jungen, als er zum Elfmeterpunkt läuft. Er schaut noch einmal zu seinen Mitspielern.
Er muss einfach treffen.

Er atmet tief ein, nimmt Anlauf und schießt den Ball in Richtung Tor.

Flatsch! Der Junge landet auf dem Rücken, während der Ball gegen die Latte prallt.

„Oh, Paul!", rufen seine Mitspieler.
„Paaauuul!"
Paul schreckt hoch. Schon wieder
dieser komische Traum.

„Paul!", ruft seine Mutter. „Steh auf.
Du darfst an deinem ersten Tag nicht
zu spät zum Fußballcamp kommen."

Eine Stunde später steht Paul vor dem
Trainingsgelände des Fußballvereins
FC Flinke Füchse. Er hat für die Sommer-
ferien einen Platz in ihrem Fußballcamp
bekommen.

Plötzlich läuft eine Gruppe von Kindern
an ihm vorbei. „Komm mit!", rufen sie.
Paul rennt ihnen bis zum Fußballplatz
hinterher.

Die Kinder stellen sich vor. Da sind die
Zwillinge Tim und Anna, die als rechter
und linker Außenverteidiger spielen.
Ben, ein großer Junge, ist Torwart.
Neben ihm steht Robert aus Frankreich.
Er wohnt den Sommer über bei Ben und
spielt in der Verteidigung.

Ein braunhaariges Mädchen schüttelt
Paul die Hand. „Ich bin Leonie. Ich spiele
im Sturm." „Ich auch", sagt Paul.

In dem Moment bläst ein Mann mit
einem blauen Oberteil in seine Pfeife.
„Hallo! Ich bin David, euer Trainer.
Lasst uns mit dem Torschuss-Training
beginnen."

Robert spielt den Ball in Leonies
Laufweg. Leonie rennt mit dem Ball
weiter und schießt ihn sicher ins Tor.

Paul ist als Nächstes an der Reihe.
Anna passt den Ball zu ihm. Ben rennt
auf ihn zu, doch Paul ist schneller.
Er spielt den Ball um Ben herum und
schießt ihn ins Tor.

„Super Abschluss, Paul", lobt der
Trainer. „In Ordnung, jetzt ist es Zeit
für ein Trainingsspiel."

David, der Trainer, teilt die Gruppe
in zwei Mannschaften auf und das
Spiel beginnt. Nach zwanzig Minuten
wird Paul im Strafraum gefoult.
„Elfmeter!", entscheidet David.

Paul tritt an, um den Strafstoß aus-
zuführen. Alle sehen zu. Auf einmal ist
Paul total aufgeregt. Er läuft auf den Ball
zu und stolpert.

Mist! Er trifft den Ball nicht richtig und
fällt der Länge nach auf den Rasen.
Ben hebt den Ball auf, der langsam
auf ihn zurollt.

„Blöde Nerven", denkt Paul verärgert.
Leonie hilft ihm auf. „Mach dir nichts
draus. Es ist doch erst dein erster Tag."

DIE SPIELER

TORWART

Der Torwart hütet das Tor und darf den Ball mit den Händen fangen.

BEWEGLICHKEIT	★★★★★
ZWEIKAMPF	★★
PÄSSE	★★★
SCHUSS	★

Positionen: Nur Torwart.

VERTEIDIGER

Der Verteidiger versucht, die Angriffe und Schüsse des Gegners abzuwehren.

BEWEGLICHKEIT	★★
ZWEIKAMPF	★★★★
PÄSSE	★★★
SCHUSS	★

Positionen: Innenverteidiger, zentraler Defensivspieler, Außenverteidiger.

Die 11 Spieler einer Mannschaft werden unterschiedlichen Positionen zugeteilt, die während des Spiels
eine besondere Rolle spielen.

STÜRMER

Ein Stürmer schießt Tore und
hilft den Mittelfeldspielern.

BEWEGLICHKEIT	★★★
ZWEIKAMPF	★★
PÄSSE	★★★
SCHUSS	★★★★★

MITTELFELDSPIELER

Ein Mittelfeldspieler unterstützt
die Verteidigung und entwickelt
Angriffsmöglichkeiten.

BEWEGLICHKEIT	★★★
ZWEIKAMPF	★★★
PÄSSE	★★★★★
SCHUSS	★★★

Positionen: Zentral, defensiv, offensiv,
rechts, links.

Positionen: Mittelstürmer, Angreifer,
Außenstürmer, Flügelstürmer.

FUSSBALL BLOG

SO WIRST DU EIN PROFI

Zuerst musst du entdeckt werden. Trete dafür einem Fußballverein in deinem Heimatort bei. Die meisten Profimannschaften schicken Scouts zu diesen Vereinen. Scouts reisen herum und suchen nach jungen, talentierten Spielern.

Damit man entdeckt wird, muss man nicht jeden Tag überragend spielen. Die Scouts suchen auch nach Spielern, die sich ins Team einbringen und gut mit den Mitspielern zusammenarbeiten.

Im Alter von 9 bis 16 Jahren trainieren die ausgewählten Spieler mehrmals pro Woche. Wenn sie 16 sind, entscheiden die Profivereine darüber, ob die Spieler in das Ausbildungsprogramm für Jugendliche übernommen werden. Hier herrscht große Konkurrenz.

Die Spieler des Ausbildungsprogramms kommen anschließend vielleicht zu den Reservisten oder in die U-21-Mannschaft. Die Spieler dürfen mit 17 Jahren einen Vertrag unterzeichnen, doch die meisten müssen bis zum Alter von 19 Jahren warten.

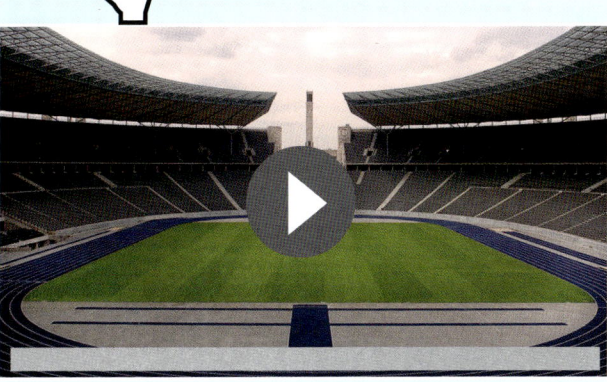

RIESIG

Was gehört zu einem tollen Fußballstadion? Lies alles über das Wembley Stadion in London.

AKTUELLE POSTS

Lies die spannende Geschichte von David Beckhams frühen Tagen bei Manchester United bis zu der Zeit, als er Kapitän der englischen Nationalmannschaft wurde.

Im Training

Als das Training zu Ende ist,
verkündet David Neuigkeiten:
„Unser erstes Spiel in der Sommerliga
findet am Freitag statt.
Wir spielen gegen die Superkicker."
Pauls neue Mitspieler buhen.

„Die Superkicker sind unser größter
Gegner. Sie schlagen uns jedes Mal,
doch sie spielen auch immer unfair",
erklärt Ben Paul.

„Luca, ihr Stürmer, hat früher bei uns
gespielt, bis die Superkicker ihn
abgeworben haben. Ihr schlimmster
Spieler ist aber Theo, der zentrale
Verteidiger. Er hat es immer auf
Leonie abgesehen."

„Psst!", machen die Zwillinge.
„David verkündet gerade
die Aufstellung für
das Spiel!"

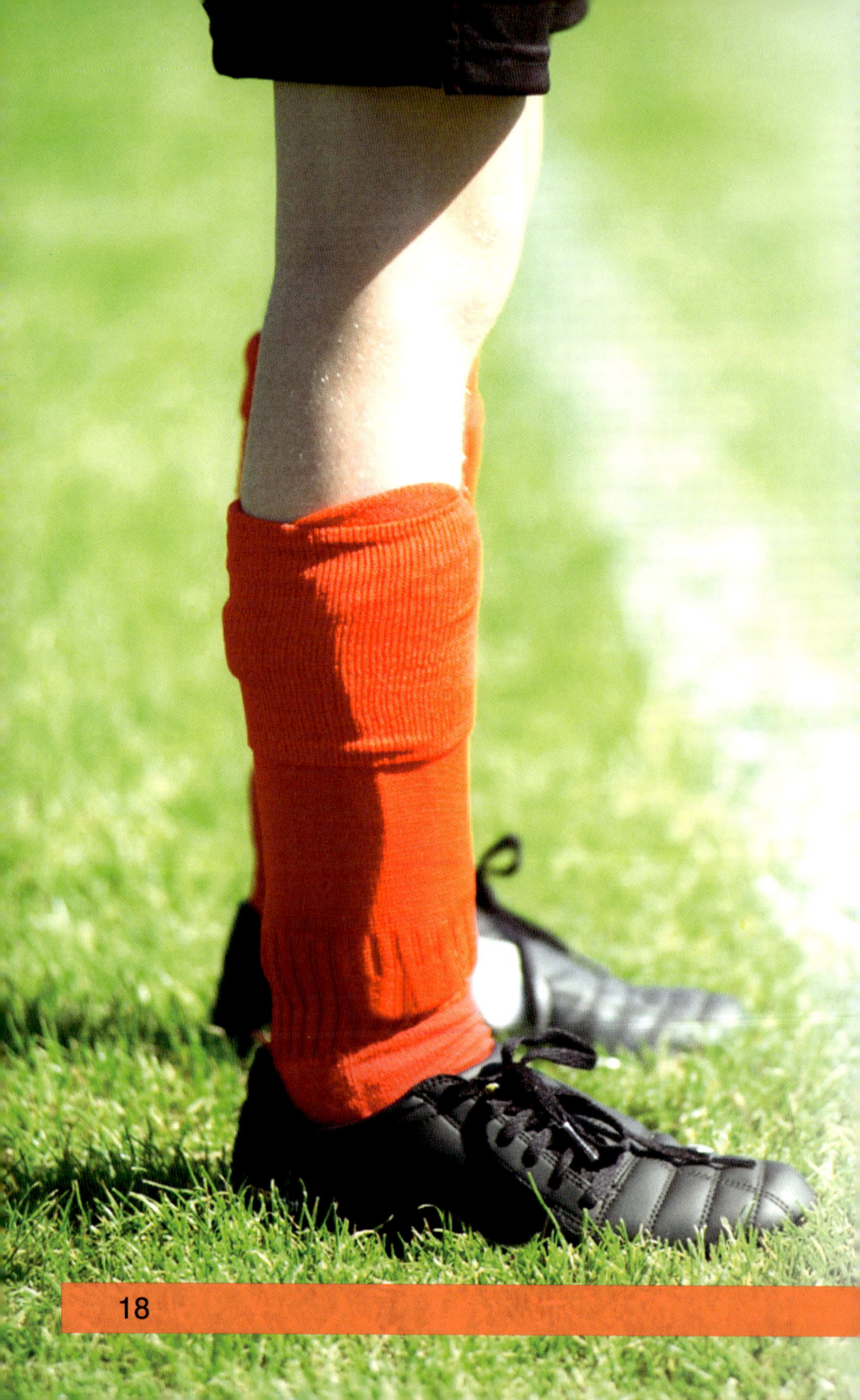

„Wir werden mit einer neuen
Aufstellung spielen: 4-2-3-1", erklärt
der Trainer. „So stärken wir unsere
Verteidigung und haben hoffentlich
trotzdem Chancen Tore zu schießen."
Paul wartet gespannt. Ob David
seinen Namen vorlesen wird?

„Und zuletzt noch der Sturm…"
Paul drückt seine Daumen.
„Leonie Müller."
Pauls Herz wird einen Moment lang
schwer. Er ist sauer auf sich selbst.

„Hätte ich diesen Elfmeter
verwandelt, wäre ich jetzt in der
Aufstellung", denkt er. „Ich muss
aufhören, immer alles zu vermasseln."

Paul ist immer noch
niedergeschlagen, als er am
nächsten Morgen erwacht.
Doch als er seine Mitspieler im
Fußballcamp sieht, bekommt
er bessere Laune.

„Paul!", ruft Ben. „Schau mal,
was Tim und Anna machen."
Die Zwillinge albern herum. Tim
spielt den Ball durch Annas Beine
hindurch. „Getunnelt!", ruft er.
Alle lachen.

Dann zieht Ben eine Pfeife aus
seiner Tasche.
„Los geht's, alle miteinander!"

Ben hört sich genauso an wie David.
„Und jetzt alle 50 Runden laufen."
Paul lacht. Er fängt an, seine neuen
Freunde zu mögen.

„Was macht ihr denn da?"
Der Trainer betritt das Spielfeld.
David bringt die Mannschaft schnell
auf Trab: Sie dribbeln, greifen
an und üben den ganzen Morgen
lang Volleyschüsse.

Paul fällt auf, dass Leonie das Tor
kein einziges Mal verfehlt.
„Wie kannst du überhaupt treffen,
wenn jeder dir zuschaut?", fragt er sie.

„Ganz einfach. Ich stelle mir
immer vor, dass ich bei uns zu Hause
im Garten spiele", antwortet Leonie
und grinst.
Paul beschließt, das beim nächsten
Mal auch zu versuchen.

Das Spielfeld

Fußball wird auf einem ebenen, rechteckigen Spielfeld gespielt. Es besteht entweder aus echtem Rasen oder aus Kunstrasen.

Schiedsrichter

Der Schiedsrichter trägt normalerweise Schwarz oder Gelb.

Mittelkreis

Anstoßpunkt

Das Spiel beginnt mit dem Ball am Anstoßpunkt.

Mittellinie

Sie teilt das Spielfeld in zwei Hälften.

Eck-Viertelkreis

Von hier werden die
Ecken ausgeführt.

Strafraum

Wird ein Spieler in diesem
Feld gefoult, bekommt
seine Mannschaft einen
Strafstoß (Elfmeter)
zugesprochen.

Tor

Für ein Tor muss der
Ball komplett die Torlinie
überqueren.

Torraum

Hat der Ball die
Torauslinie überquert, darf
der Torwart den Abstoß
von einem beliebigen Ort
im Torraum ausführen.

Elfmeterpunkt

Von hier werden
Strafstöße ausgeführt.

Spielsysteme

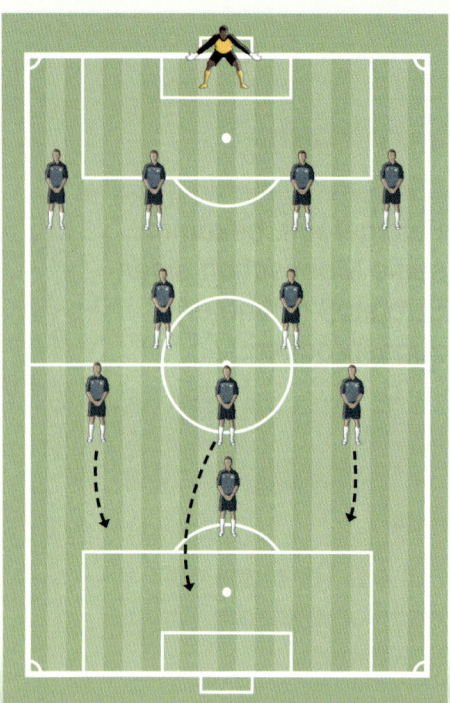

4-2-3-1

Bei diesem System sollen die beiden Mittelfeldspieler vor der Abwehr für die Kontrolle des Mittelfelds und des Balls sorgen. Neben der Absicherung nach hinten sind auch Angriffe möglich.

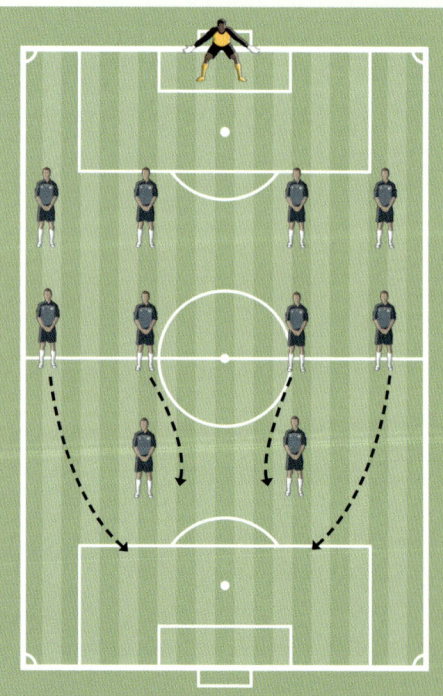

4-4-2

Im 4-4-2-System rücken die beiden äußeren Mittelfeldspieler bei einem Angriff bis zur Torlinie vor. Sie unterstützen jedoch auch die Außenverteidiger. Mit diesem System kann man gut angreifen und verteidigen.

Fußball wird normalerweise in einer bestimmten Aufstellung gespielt. Hier findest du ein paar der häufigsten Varianten.

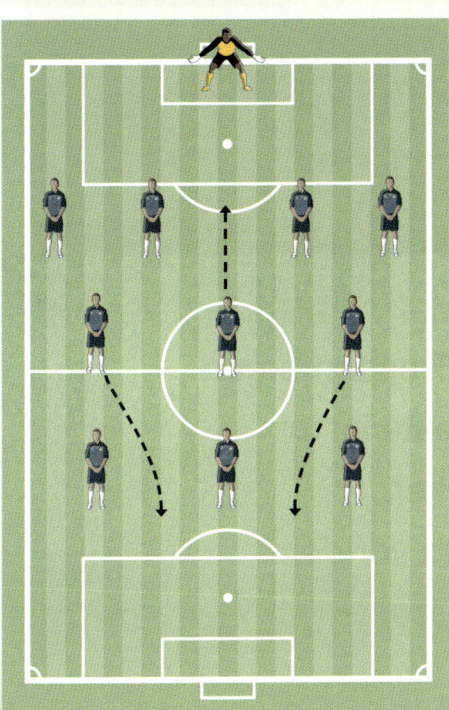

4-3-3

In diesem Angriffssystem stürmen zwei Mittelfeldspieler nach vorne. Der dritte Mittelfeldspieler lässt sich nach hinten fallen und unterstützt die Verteidigung.

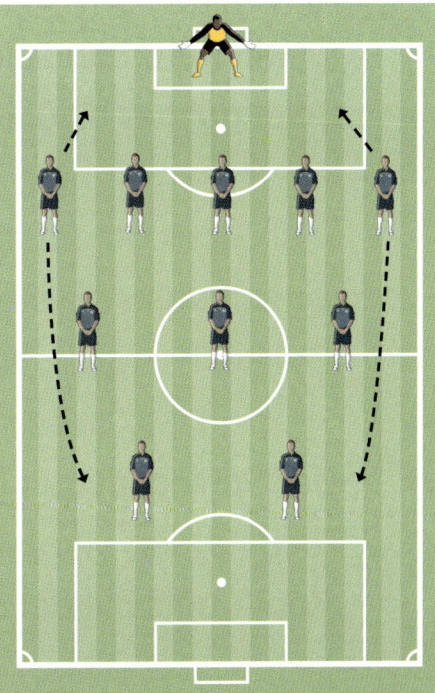

5-3-2

Die Flügelspieler helfen bei dieser Formation der Abwehr und dem Angriff. Deswegen ist bei diesem System die Verteidigung sehr stark.

27

Das große Spiel

Pauls Wecker läutet am Freitagmorgen
früher als gewöhnlich. Heute ist ihr
Spiel gegen die Superkicker.
Er will früh dran sein. Kurz vor dem
Spiel geht er hinüber zu Leonie.

„Viel Glück da draußen. Ich hoffe,
wir schlagen sie dieses Mal", sagt er.
„Danke, Kumpel", antwortet Leonie.

Der Schiedsrichter ruft Leonie und
Theo für den Münzwurf zu sich.
„Kopf", entscheidet sich Leonie.

Die Münze fliegt durch die Luft und
Paul beobachtet, wie sie herunterfällt.
„Bitte lass es Kopf sein", flüstert Paul
auf der Auswechselbank.

„Zahl!", ruft der Schiedsrichter.
„Die Superkicker stoßen an."
„Hoffen wir mal, dass sich das Glück
noch wendet", sagt David zu Paul.

Die Spieler der Superkicker scheinen
viel größer zu sein als Pauls Mitspieler.
Sie schubsen und ziehen die Flinken
Füchse, doch der Schiedsrichter
bemerkt nichts.

In der elften Minute spielt Theo einen
langen Ball zu Luca.
„Er steht im Abseits!", ruft David.
„Es steht keiner zwischen ihrem Spieler
und unserem Torwart. Wir müssten
einen Freistoß bekommen."

Aber der Schiedsrichter weigert sich,
das Spiel zu unterbrechen, und Luca
sprintet das Spielfeld entlang.
Er schießt.

„Tooooooooor!", schreit Luca,
während er über den Rasen rutscht.
Paul kann es nicht fassen.

FC Flinke Füchse

Das Spiel wird wieder angepfiffen.
Theo jagt hinter Leonie her. Bumm!
Er tritt Leonie vors Schienbein und
der Ball rollt ins Seitenaus.

„Die Superkicker haben Einwurf", ruft
der Schiedsrichter.
„Jetzt komm schon!", schreit David
wütend. „Das war ein klares Foul.
Wir sollten den Ball bekommen!"
Der Schiedsrichter zuckt mit den
Schultern und bläst in seine Pfeife.

Theo wirft ein und der
Ball landet bei
Luca. Dieser legt
ihn seitlich an
Robert vorbei,
schlängelt sich
um Tim herum
und schießt
den Ball dann
ins Tor.

„Das ist doch
lächerlich!",
brüllt David.

Paul sitzt auf der Bank und sieht zu. Je länger das Spiel dauert, desto frustrierter ist er.

Endlich wird die erste Halbzeit abgepfiffen und die beiden Teams gehen in ihre Kabinen.
David tröstet seine Spieler.
„Ihr habt super gespielt, Leute. Gebt nicht auf. Ihr habt den Ball gut laufen lassen und eure Bewegung ohne den Ball war super. Ja, wir liegen zwar 2:0 hinten, doch wir können es noch schaffen."

Der Trainer wendet sich an Leonie.
„Pass auf Theo auf", sagt er. „Er hat es auf dich abgesehen, und du weißt, wie fies er foulen kann. Doch lasst euch nicht auf ihr Spiel ein. Spielt fair und gewinnt fair."

Der Schiedsrichter

Der Schiedsrichter leitet das Spiel.
Er zeigt seine Entscheidungen mithilfe
offizieller Zeichen an.

Vorteil

Abstoß

Eckstoß

Strafstoß

**Rote Karte
(Platzverweis)**

**Gelbe Karte
(Verwarnung)**

Direkter Freistoß

Indirekter Freistoß

Pauls Chance

Die Flinken Füchse laufen zurück
auf das Feld und die zweite Halbzeit
beginnt. Die Füchse übernehmen
schnell die Kontrolle über den Ball.
Robert flankt den Ball weit hinaus
zu Anna.

Anna passt ihn zu Leonie
und Leonie rennt auf der Außenbahn
nach vorn. Sie spielt die beiden
Verteidiger aus und schießt.

Tor! Jetzt steht es 2 : 1!

„Jaaa!", schreit Paul und springt auf.

Nach dem Anstoß bekommt Leonie
wieder den Ball. Dieses Mal wartet
Theo schon auf sie. Leonie bewegt
sich schnell in den Strafraum hinein.

Uff! Theo foult sie hart. „Aaaahhh!",
schreit Leonie. Ein Sanitäter läuft
schnell zu ihr. Leonies Mitspieler
rennen herüber. Ben tobt vor Wut.
„Idiot!", schreit er Theo an.
Robert stellt sich ihm in den Weg.
„Denk daran, was der Trainer gesagt
hat", erinnert er Ben. „Spielt fair und
gewinnt fair."

David redet mit dem Sanitäter und
kommt dann zur Bank zurück.

„Es ist eine böse Schnittwunde.
Leonie muss ausgewechselt
werden", sagt er. „Du gehst rein,
Paul!"

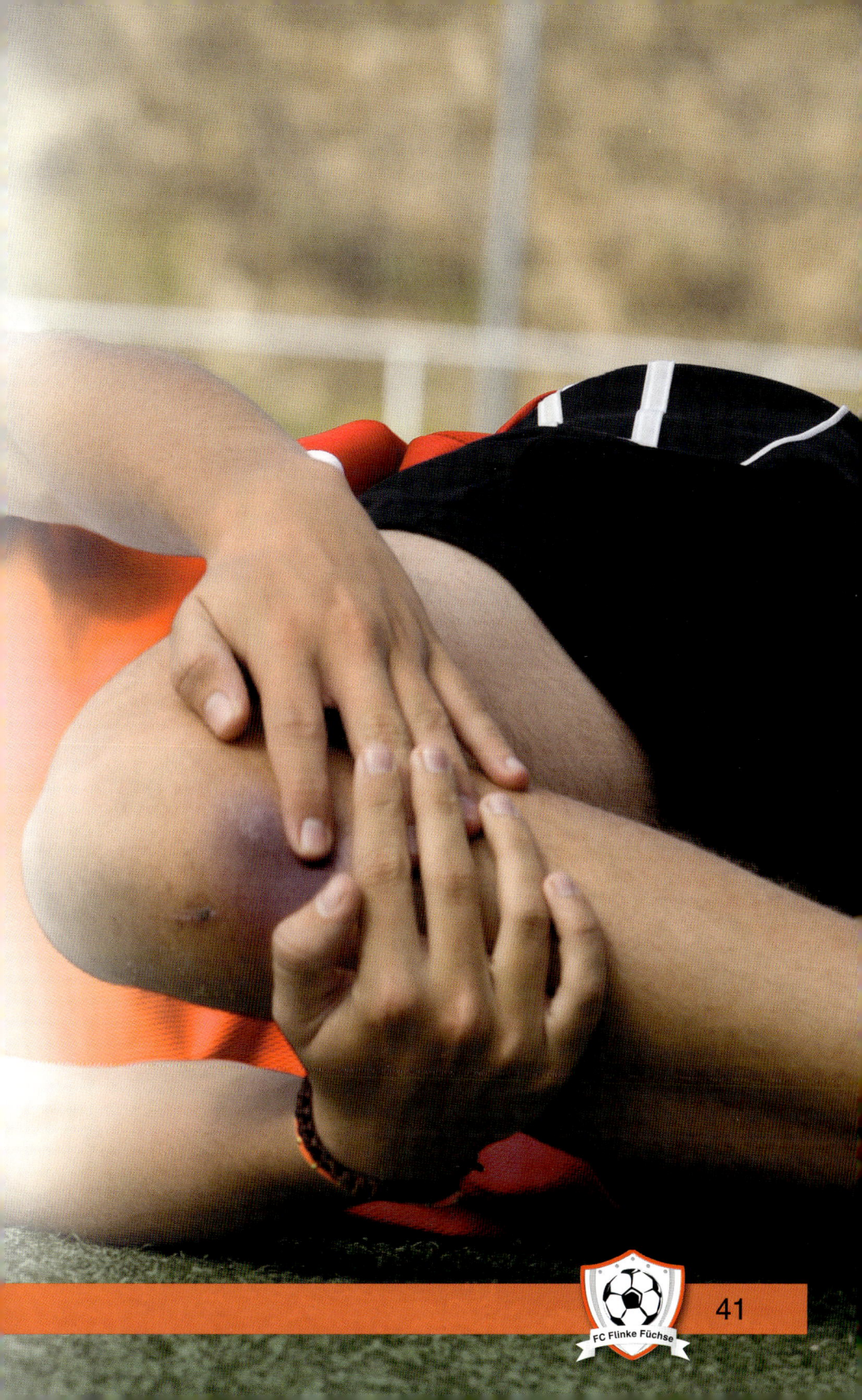

FC Flinke Füchse

Paul springt auf. Er kann es kaum erwarten zu spielen. Doch dann wird ihm klar, was das bedeutet. Er muss Leonies Strafstoß ausführen!

„Ich werde wieder versagen", denkt Paul und gerät in Panik.
Sein Herz rast. Dann erinnert er sich an Leonies Tipp. Paul atmet tief durch. „Ich bin bei uns im Garten", murmelt er leise.

Er läuft los und zielt in die linke
obere Ecke. Der Torwart streckt sich
nach dem Ball, kann ihn jedoch nicht
erreichen. Tor! Ben und die anderen
Jungs heben Paul auf ihre Schultern.

Paul kann es nicht glauben. Leonies Rat
hat sich als bester Fußball-Tipp überhaupt
herausgestellt.
„Bald wird Bayern München dich haben
wollen", scherzt Ben.

Den Rest des Spiels spielen die
Flinken Füchse fantastisch. Ben hält
im Tor einen fast unhaltbaren Ball.
Robert klärt den Ball auf der Torlinie
und die Zwillinge tunneln Luca.

Während der Nachspielzeit gelangt
Paul in Ballbesitz und spielt ihn mit
der Hacke zu Anna. Anna wechselt
die Seiten und passt den Ball
zurück. Paul hat die perfekte
Position, um ein Tor zu schießen.
Doch dann …

Ein Pfiff ertönt und der Schiedsrichter
beendet das Spiel.

Die Flinken Füchse jubeln. Es steht
2 : 2.
Ihr Trainer rennt auf das Spielfeld.
„Das habt ihr toll gemacht!"

Lerne den Regenbogen-Trick

1 Lauf mit dem Ball auf den Verteidiger zu und lass den Ball etwas rollen. Dann spring auf den Ball und klemme ihn zwischen deine Beine.

2 Spring nach oben und hebe den Ball mit den Füßen hinter deinem Rücken an. Schleudere den Ball mit der Hacke nach oben über deine Schulter und über den Verteidiger.

Das ist ein toller Trick, um die Abwehr zu überwinden.

3 Renne am Verteidiger vorbei und nimm den Ball volley, bevor er auf dem Boden aufkommt. Das ist der richtige Moment zum Schießen!

47

So schießt man einen Strafstoß

Um einen Strafstoß zu verwandeln, braucht man Nerven aus Stahl. So machen es die Profis.

So geht's:

1 Trainiere

Übe Strafstöße schießen zuerst auf ein leeres Tor, danach mit einem Torwart.

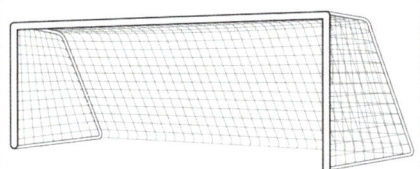

2 Ziele

Für den Torwart sind die Ecken am schwersten zu erreichen. Ziele auf diese Regionen.

3 Mach dir einen Plan

Bekommst du in einem Spiel einen Strafstoß zugesprochen, entscheide vorher, wohin du schießen möchtest. Halte dich an diesen Plan.

4   Verrate nichts

Gib dem Torwart keine
Hinweise, wo du genau
hinschießen möchtest.
Versuche, vor dem
Schuss auf eine andere
Stelle zu schauen.

5   Kontrolle

Trete nicht wild gegen
den Ball. So hast du
weniger Kontrolle über
den Schuss.

6   Achte auf Abpraller

Kann der Torwart den Ball
abwehren oder prallt er am
Tor ab, hast du die Chance,
ein zweites Mal aufs Tor
zu schießen. Nutze sie!

Die Entscheidung

„Lasst uns feiern", ruft David.

Paul und die anderen ziehen sich
schnell um und machen sich dann
auf den Weg zur Kantine der Flinken
Füchse. Der Trainer hat für alle eine
große Feier organisiert.

„Wow", rufen die Zwillinge. „Burger,
Pommes und Pizza!"
Ben lacht, als Tim und Anna ihre
Teller mit Essen vollladen.

Als plötzlich Leonie in die Kantine
humpelt, fangen alle an zu klatschen.
An ihrem Bein hat Leonie einen großen
Verband, doch sie lacht schon wieder.
„Ich wusste, dass du es kannst",
sagt sie zu Paul und klopft ihm auf
die Schulter.

FC Flinke Füchse

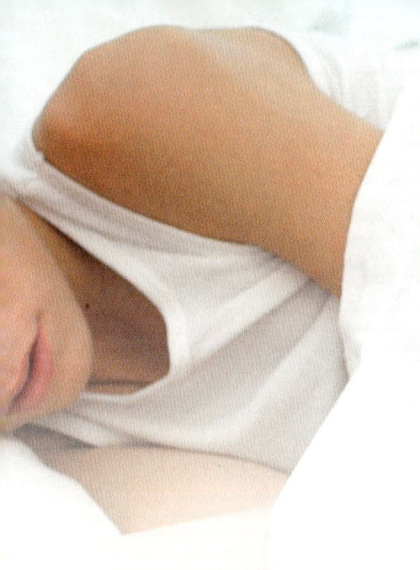

Am nächsten Tag schläft Paul bis
um 10 Uhr. Er wacht davon auf,
dass das Telefon klingelt.
„Paul!", ruft seine Mutter.
„Hier ist jemand für dich am Telefon."

Paul schmunzelt. Das ist bestimmt
Ben, der so tut, als wäre er ein
Scout von Bayern München.
„Hallo Paul. Hier spricht Trainer
Schneider von den Superkickern."
Paul zuckt zusammen.

„Wir finden, du hast gestern
ausgezeichnet gespielt. Wir wollen
dich gerne in unserer Mannschaft
haben. Und wir versprechen dir,
dass du für jedes Spiel aufgestellt wirst."

Paul ist ganz aufgewühlt. Er weiß nicht,
was er tun soll. Es macht ihm Spaß,
bei den Flinken Füchsen zu spielen.
Er mag seine Mitspieler. Aber jetzt wollen
ihn die Superkicker.

„Was ist los?", fragt Pauls Mutter,
als die beiden im Garten sitzen.
Paul erzählt ihr von dem Angebot.
„Gut gemacht. Das sind doch tolle
Neuigkeiten", sagt seine Mutter.

„Doch denk daran: Es geht
nicht darum, wer dich bei
sich spielen lassen möchte.
Es geht darum, wo *du*
spielen willst."

Paul denkt einen Moment lang nach.
Dann nickt er. Jetzt weiß er, was er
zu tun hat.

Am Montag treffen sich alle wieder
zum Training im Fußballcamp.
David fragt Paul, ob er kurz mit ihm
alleine sprechen kann.

„Ich habe von dem Angebot der
Superkicker gehört", sagt David.
„Es ist ein gutes Angebot. Ich kann
dazu nur sagen, dass ich mich sehr
freuen würde, wenn du bei uns
bleibst."

„Danke, Trainer", sagt Paul.
„Ich habe mich bereits entschieden.
Ich möchte für ein Team spielen,
das fair spielt und fair gewinnt.
Ich möchte beim FC Flinke Füchse
bleiben."

David atmet erleichtert auf.
„Und", fügt Paul entschlossen hinzu,
„im nächsten Spiel will ich die
Superkicker schlagen."

FC Flinke Füchse

FC Flinke Füchse

Einen Pokal basteln

Du brauchst:

Luftballon • Schüssel • Vaseline
Zeitungspapier • Pinsel • Kleister
Schere • Pappe • Goldfarbe

1. Blase den Ballon auf und knote ihn zu. Stelle ihn auf eine Schüssel und bestreiche die obere Hälfte mit Vaseline.

2. Reiße Zeitungspapier in kleine Stücke. Streiche mit einem Pinsel Kleister über die Vaseline und klebe die Zeitungsstücke darauf. Dann bestreiche das Papier wieder mit Kleister und klebe eine weitere Schicht darüber – insgesamt sechs. Lass alles 2 Tage trocknen.

3. Nimm den Ballon aus der Papierschale heraus und schneide den Rand mit einer Schere grade. Überklebe den Rand dann mit Zeitungspapier, um ihn zu glätten.

4. Schneide aus Pappe Streifen für die Henkel und bastle kleine runde Pappdosen für den Fuß. Klebe alles zusammen und lass es trocknen. Dann male deinen Pokal mit Goldfarbe an. Zum Schluss kannst du noch einen ausgeschnittenen Lorbeerkranz aufkleben.

Fertig!

Das Fußball-Quiz

⚽ 1. Wer ist der Torwart der Flinken
   Füchse?

⚽ 2. Aus welchem Land kommt
   Robert?

⚽ 3. Wie schafft es Leonie, immer
   zu treffen, obwohl ihr alle zuschauen?

⚽ 4. Welche Farben trägt der
   Schiedsrichter normalerweise?

⚽ 5. Von welchem Punkt aus
   beginnt jedes Fußballspiel?

⚽ 6. Welcher Spieler der Superkicker hat es
   immer auf Leonie abgesehen?

⚽ 7. In welche Ecke zielt Paul bei seinem
   Strafstoß?

⚽ 8. Wer ruft Paul nach dem Spiel an?

Antworten auf Seite 61

Begriffe

Defensive
Abwehr, Verteidigung.

Dribbeln
Mit dem Ball rennen und ihn mit kurzen Berührungen weiterschieben.

Flanke
Seitlicher Spielfeldrand. Auch: ein Schuss von der Seite in die Mitte des Feldes.

Foul
Wenn ein Spieler durch Treten, Beinstellen oder Schubsen eines anderen Spielers die Regeln bricht.

Frustriert
Enttäuscht, niedergeschlagen.

Hacke
Absatz (Schuh).

Offensive
Angriff.

Reservist
Ersatzspieler.

Sanitäter
Jemand, der bei Verletzungen Erste Hilfe leistet.

Scout

Person, die für einen Verein nach jungen, neuen Talenten sucht.

Strafstoß

Torschuss vom Elfmeterpunkt.

Tunneln

Den Ball durch die Beine eines gegnerischen Spielers spielen.

U-21

Fußballspieler, die unter 21 Jahre alt sind.

Volley

Den Ball aus der Luft annehmen und schießen, bevor er den Boden berührt.

Zentral

In der Mitte.

Antworten:
1. Ben, **2.** Aus Frankreich, **3.** Sie stellt sich vor, dass sie zu Hause in ihrem Garten spielt, **4.** Schwarz oder Gelb, **5.** Anstoßpunkt, **6.** Theo, **7.** In die linke obere Ecke, **8.** Der Trainer der Superkicker.

Liebe Eltern,

Lesen macht Spaß! Denn es gibt so viele spannende Geschichten. Und Lesen ist sehr nützlich, denn viele Informationen erschließen wir uns lesend. Beides sollte Ihr Kind am Ende seines Leselern-Prozesses erfahren haben.

Mit den **SUPER**LESER!-Büchern für Erstleser möchten wir Ihrem Kind genau das vermitteln. Die Leseabenteuer in vier verschiedenen Lesestufen verbinden wunderbar spannende Geschichten mit vielen interessanten und nützlichen Sachinformationen in unterschiedlichen Textformen z. B. Berichte, Briefe, Bastelanleitungen, Rezepte oder Infotafeln.

Mit diesen Tipps und Informationen können Sie Ihr Kind dabei unterstützen, dass es begeistert und erfolgreich lesen lernt:

Haben Sie Geduld! Nicht jedes Kind ist eine geborene Leseratte und manche brauchen etwas länger, um sich mit dem Lesen anzufreunden. Lesen Sie Ihrem Kind auch weiterhin vor. Dabei bekommt es ein Gefühl für fließendes Lesen, ausdrucksstarke Sprache und richtige Betonung. Fragen Sie es immer wieder einmal, ob es Ihnen vorlesen möchte. Seien Sie geduldig. Irgendwann wird die Neugier auf die Geschichten siegen.

Je mehr, desto besser! Mit jedem Text, den Ihr Kind liest – sei es ein Gedicht, eine Geschichte oder ein Sachtext –, werden sich seine Lesefähigkeit, sein Gefühl für Sprache und sein Verständnis schwieriger Wörter weiterentwickeln. Am besten liest es regelmäßig, aber nur so lange, wie es mag. Dabei reichen am Anfang zehn Minuten völlig aus.

Nicht zu schnell! Achten Sie darauf, dass Ihr Kind sich Zeit nimmt, jedes Wort in Ruhe auszusprechen und seine Bedeutung zu verstehen. Die Sachtexte sind für Ihr Kind etwas schwerer zu lesen als die erzählenden Passagen. Loben Sie Ihr Kind, wenn es sich ein schwieriges Wort erschlossen hat oder einen Satz noch einmal anders betont liest, nachdem es den Sinn verstanden hat.

Seien Sie ein guter Zuhörer! Wenn es bereit ist, lassen Sie Ihr Kind laut vorlesen und hören Sie ihm aufmerksam zu. Unterbrechen Sie es nur, wenn es wirklich nötig ist. Oder machen Sie zwischendurch, zum Beispiel vor Beginn eines neuen Kapitels, kleine Pausen, in denen Sie über das Gelesene sprechen. Auch die Quizfragen am Buchende bieten eine spielerische Möglichkeit, das Textverständnis zu überprüfen.

Geteilte Freude ist doppelte Freude! Laden Sie andere Zuhörer und Vorleser – Geschwister, Großeltern oder gute Freunde – ein: Lesen Sie mit verteilten Rollen oder veranstalten Sie einen Lesenachmittag. Nach der ersten Aufregung werden Stolz und Freude an den geteilten Geschichten überwiegen.

Seien Sie Vorbild! Wenn Sie selbst viel lesen, wird auch Ihr Kind dies als selbstverständliche und erfüllende Beschäftigung kennenlernen.

Spaß muss sein! Wählen Sie die Bücher und Texte nach den Interessen Ihres Kindes aus. Das erhöht die Lust aufs Lesen und sorgt für lang anhaltende Motivation.

Wir wünschen Ihnen und Ihrem Kind viel Freude beim gemeinsamen Lesen!

Dank und Bildnachweis

Der Verlag dankt folgenden Personen und Organisationen für die freundliche Genehmigung zum Abdruck von Fotos:

(Abkürzungen: o = oben, u = unten, m = Mitte, l = links, r = rechts, g = ganz, Hg = Hintergrund)

5 Alamy Images: DonSmith. **6–7 Getty Images:** Thomas Barwick / Digital Vision. **15 Alamy Images:** Allstar Picture Library (l). **35 Alamy Images:** IS098U7WR / Image Source. **41 Getty Images:** Christian MartA-nez Kempin / E+. **43 Corbis:** Dario Secen / Lumi Images. **51 Getty Images:** Norman Hollands / Photolibrary. **52 Getty Images:** The Catcher Photography / Moment. **53 Getty Images:** Andersen Ross / Digital Vision. **54–55 Getty Images:** Cade Martin / UpperCut Images. **56–57 Getty Images:** Tim Macpherson / Cultura.

Umschlagbilder:
Vorderseite: Alamy Stock Photo: m@t.d.

Alle anderen Abbildungen © Dorling Kindersley
Weitere Informationen unter: **www.dkimages.com**

Ich werde **Ballerina**

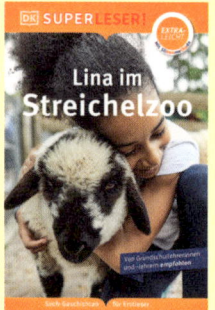

Lina im **Streichelzoo**

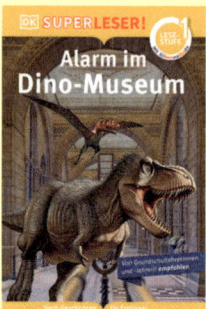

Alarm im **Dino-Museum**

BATMANS WELT

Sophie bei den **Pferden**

STAR WARS **WER SIND DIE JEDI-RITTER?**

Hallo, **Igel!**

Insekten top getarnt

Vorsicht, **Dinos!**

Willkommen kleiner Hund!

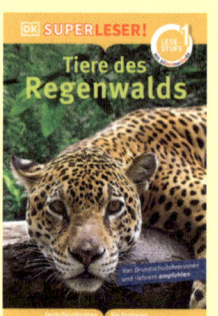

Tiere des **Regenwalds**

STAR WARS THE **MANDALORIAN** GROGUS ABENTEUER

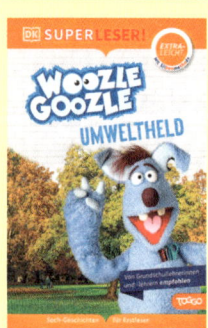

WOOZLE GOOZLE **UMWELTHELD**

Zu Besuch bei den **Affen**

Wo bist du kleiner **Delfin?**

WOOZLE GOOZLE **WELTRAUMABENTEUER**